BEI GRIN MACHT SICH IHR WISSEN BEZAHLT

- Wir veröffentlichen Ihre Hausarbeit,
  Bachelor- und Masterarbeit

- Ihr eigenes eBook und Buch -
  weltweit in allen wichtigen Shops

- Verdienen Sie an jedem Verkauf

Jetzt bei www.GRIN.com hochladen und kostenlos publizieren

Laura Ostermaier

‚Mission' – Das ‚Heilige Experiment' in Paraguay

Teil 2: Soziale Aspekte, Scheitern und Ausblick

GRIN Verlag

Bibliografische Information der Deutschen Nationalbibliothek:

Die Deutsche Bibliothek verzeichnet diese Publikation in der Deutschen National-
bibliografie; detaillierte bibliografische Daten sind im Internet über http://dnb.d-
nb.de/ abrufbar.

Impressum:

Copyright © 2008 GRIN Verlag GmbH
Druck und Bindung: Books on Demand GmbH, Norderstedt Germany
ISBN: 978-3-656-19070-7

Dieses Buch bei GRIN:

http://www.grin.com/de/e-book/193243/mission-das-heilige-experiment-in-paraguay

GRIN - Your knowledge has value

Der GRIN Verlag publiziert seit 1998 wissenschaftliche Arbeiten von Studenten, Hochschullehrern und anderen Akademikern als eBook und gedrucktes Buch. Die Verlagswebsite www.grin.com ist die ideale Plattform zur Veröffentlichung von Hausarbeiten, Abschlussarbeiten, wissenschaftlichen Aufsätzen, Dissertationen und Fachbüchern.

Besuchen Sie uns im Internet:

http://www.grin.com/

http://www.facebook.com/grincom

http://www.twitter.com/grin_com

Universität Passau

Katholisch-Theologische Fakultät

Professur für Fundamentaltheologie

Blockseminar:

Gott suchen und finden in allen Dingen. Ignatius von Loyola

SS 2008

**'Mission' – Das 'Heilige Experiment' in Paraguay
Teil 2: Soziale Aspekte, Scheitern und Ausblick**

Verfasserin: Laura Ostermaier

Inhaltsverzeichnis

Dieser zweite Teil der Seminararbeit „‚Mission' – Das ‚Heilige Experiment' in Paraguay"
schließt sich an die Ausführungen des ersten Teils ‚Kolonisation und Gesellschaft im
Jesuitenstaat' an. Inhaltlich gehören diese Teile zusammen, sind jedoch nicht als
gemeinschaftliche Arbeit verfasst. Ich werde im weiteren Verlauf genauer auf die sozialen
Aspekte, das tägliche Leben in den Reduktionen und die Rolle der Musik eingehen.
Anschließend wird das Scheitern des „Heiligen Experiments" und die Gründe hierfür
beleuchtet. In einem letzten Punkt werde ich einen Ausblick auf die heutige Situation und die
mediale Umsetzung geben.

3.3.3 Soziale Absicherung

Sowohl in Europa als auch in Amerika waren in der Zeit des 17./18. Jahrhunderts viele
Menschen, besonders aus der Unterschicht, von Armut bedroht. Obwohl Regierung und
Kirche durch verschiedene Maßnahmen versuchten dem Problem entgegenzuwirken, machten
die Armen vor allem in Notzeiten wie Hungersnöten, Seuchen, Kriegszeiten einen nicht
geringen Anteil der Bevölkerung aus. Das Problem der Dauerarmut schien unlösbar.[1]

Anders verhielt es sich hingegen in den Jesuitenreduktionen von Paraguay: Dort waren so gut
wie keine Armen zu finden, die Gemeinschaft leistete die Versorgung der Alten und Kranken,
der Witwen und Waisen.[2] Ein Haus war jeweils für eine Familie bestimmt, wer keine Familie
mehr hatte oder für wen der Platz in den Häusern nicht ausreichend war, der wurde in einem
eigens für diesen Zweck errichteten großen Gebäude wohnhaft.[3] Grundsätzlich hatten sich alle
Bewohner der Reduktionen an gemeinnütziger Arbeit zu beteiligen, wer jedoch arbeitsunfähig
war, fand im Hospital vor Ort Betreuung, Hilfe und Pflege durch das eigens hierfür
ausgebildete Krankenpersonal. Besondere Anteilnahme erfuhren die Kranken auch durch die
Patres, welche auch für die Bereitstellung von Arzneimitteln aus der Apotheke zuständig
waren.[4] Lebensmittel und Kleidung wurde der gesamten Bevölkerung, egal ob arbeitsfähig
oder nicht, ausreichend zur Verfügung gestellt.[5]

Es ist erstaunlich, dass die Reduktionen mit den unterentwickelten Indios in einem
unentwickelten Land wie Paraguay sozial besser abgesichert waren als das weiterentwickelte
Europa. Aber man muss bedenken, dass die Reduktionen unter strenger und geregelter
Führung der Jesuiten-Patres standen und es sich hierbei um relativ wenige, kleine, vom

---

[1] Vgl. Hartmann, Peter Claus, Der Jesuitenstaat in Südamerika 1609-1768. Eine christliche Alternative zu
Kolonialismus und Marxismus, Weissenhorn 1994, 39.
[2] Vgl. ebd.
[3] Vgl. ebd.
[4] Vgl. ebd. 39f.
[5] Vgl. ebd. 39.

Gesamtstaat abgesonderte Dörfer handelte, in denen eine solches Sozialwesen sicher leichter durchführbar war.

3.3.4 Die Stellung der Frau

Bevor die Jesuiten-Patres das Leben der indigenen Bevölkerung so gravierend veränderten, war auch die Stellung der Frau noch andersartig. Die Kaziken, so nennt man die indianischen Dorfhäuptlinge in Mittel- und Südamerika,[6] durften sich „bis zu 30 Frauen [nehmen], die sie jederzeit verstoßen konnten."[7] Dies bedeutete für eine Frau, dass sie zunächst nur eine von vielen war, was mit Sicherheit damals nicht weniger Streit unter den Damen hervorrief als es das heute tun würde, auch wenn diese Tatsache als natürlich galt. Und zum Zweiten konnte sich die Frau so ihrer Position nicht sicher sein. Wenn der Häuptling sie verstoßen würde, so stünde sie alleine als Außenseiter da.

Die Patres verfolgten bei ihrer Mission erfolgreich das Ziel die christliche Einehe einzuführen, die Nebenfrauen wurden den Häuptlingen abgekauft und im Witwenhaus untergebracht. Ihre Versorgung gewährleistete die Gemeinschaft.[8] Weiter waren die Patres als Heiratsvermittler tätig: Wenn sich eine Frau einen Mann zum Gatten ausgewählt hatte, konnte sie dies dem Pater mitteilen. Dieser fragte daraufhin den Mann, ob er mit dieser Frau als Gattin zufrieden wäre, was zumeist bejaht wurde, und schließlich fanden in kirchlichen Hochzeitsmessen die Trauungen von bis zu 20 Paaren gleichzeitig statt.[9]

Des Weiteren förderten die Jesuiten-Patres junge Ehen. So wurden die Mädchen üblicherweise im Alter von 14 Jahren verheiratet, die Jungen mit 16 Jahren, wodurch man versuchte vorehelichem Sexualverkehr vorzubeugen.[10]

In der Öffentlichkeit hatten Männer und Frauen voneinander getrennte Bereiche: Dies betraf sowohl die Waschmöglichkeiten, als auch je eigene Plätze in der Kirche, eigene religiöse Kongregationen und sogar eine eigene Oberin, die als Vertreterin und Vermittlerin der eigenen Gemeinschaft tätig war.[11] Zusammenfassend kann man sagen, dass sich die Position der Frau stark verbessert hat: Es war ihre freie Entscheidung, wen sie heiraten wollten, Scheidungen waren verboten, so dass die Frau keinen sozialen Abstieg zu befürchten hatte und zuletzt war auch die Feldarbeit nun Sache der Männer. „So konnten sie sich nun ihrem

---

[6] http://www.brockhaussuche.de/wissen/kazike
[7] Hartmann, Jesuitenstaat, 40.
[8] Vgl. ebd.
[9] Vgl. ebd. 40f.
[10] Vgl. ebd. 41.
[11] Vgl. ebd.

Haushalt, ihren Kindern und dem Spinnen und Weben im Hause widmen."[12] Obwohl die Frauen noch lange nicht gleichberechtigt waren, sie waren beispielsweise von öffentlichen Ämtern ausgeschlossen, so führten sie dennoch ein angenehmeres Leben, welches auch dazu beitrug, dass die Frauen schneller bereit waren die neue Religion zu akzeptieren.[13]

3.3.5 Erziehung

Wie um so vieles kümmerten sich die Jesuiten-Patres auch um die Erziehung der Kinder und in geringerem Ausmaß auch um die der Erwachsenen in den Reduktionen. Die Hauptziele, die sie sich hierbei setzten, waren besonders „die Vermittlung von religiösem Wissen und Frömmigkeit, sowie die Gewöhnung an regelmäßiges Arbeiten und die Erlernung von Handwerksberufen, Künsten und Anbaumethoden, schließlich, vor allem für die Begabteren, die Aneignung der für die Verwaltung der Reduktionen nötigen Fähigkeiten wie Rechnen, Lesen und Schreiben."[14] Ob wirklich nur die Begabteren speziell gefördert wurden, ist nicht ganz eindeutig, denn Las Casas berichtet von einer Schule für Jungen und einer eigenen Schule für die Mädchen, wobei beide Lesen und Schreiben lernen, der christlichen Lehre unterzogen werden, die Mädchen jedoch auch Spinnen und Nähen erlernen.[15]

Die Patres teilten den Tagesablauf der Kinder genau ein: Von Juni bis Dezember halfen die Kinder ihren Eltern beim Ackerbau, indem sie Unkraut jäteten oder Steine sammelten,[16] und aßen auch bei ihren Eltern, aber ansonsten waren alle Kinder nach dem Frühstück in Gemeinschaftsarbeitsstätten oder mit schulischen Tätigkeiten beschäftigt.[17]

Besonders wichtig war den Patres natürlich, in Anbetracht ihres Ziels der Missionierung, die Christenlehre. Der Tag begann immer mit einer Frühmesse, nachmittags versammelte man sich zu Gebeten und zum Rosenkranz[18] und auch der Abend endete stets in der Kirche, in der die Patres sowohl Kinder als auch Erwachsene zu christlichen Lehren ausfragten, der Katechismus aufgesagt werden musste und es zu abschließenden Gebeten kam.[19]

Dennoch betonten die Patres meist, dass den Guaranís höhere intellektuelle Fähigkeiten fehlten und so bildeten sie auch bis 1802 keine einheimischen Priester aus.[20] Aber der Grund

---

[12] Ebd. 42.
[13] Vgl. ebd.
[14] Ebd.42.
[15] Vgl. Otruba, Gustav (Hg.) / Sturath, Georg (Hg.), Las Casas "Kurzgefasster Bericht" (1541/42) und der "Neue Welt-Bott" (1728/58). Quellen zur Frühgeschichte der Missionierung und Kolonisierung der Indianer, Linz 1993, 127f.
[16] Vgl. ebd. 45.
[17] Vgl. ebd. 42f.
[18] Vgl. ebd. 47.
[19] Vgl. ebd. 46.
[20] Vgl. ebd. 44.

für die Interesselosigkeit der indigenen Bevölkerung gegenüber eigener Kreativität bei handwerklichen und künstlerischen Tätigkeiten und auch gegenüber wirtschaftlichem Gewinnstreben und des weiteren mehr, lag daran, dass „frühe Kulturen und Religionen (…) noch nicht jene Art von ‚Persönlichkeiten' hervor[bringen], die aus eigener Subjektivität die Welt erfahren und sie in eigener individueller Initiative verändern.[21] Sein ganzes Verhalten ist noch zu stark von der Gemeinschaft geprägt. Man kann also nicht sagen, dass die Guaranís dumm gewesen wären, allerdings zum Zeitpunkt der Missionierung wohl noch nicht fähig waren den Anforderungen der Patres zu genügen.

3.4 Der Musikstaat

Eine besonders große Rolle im täglichen Leben in den Reduktionen spielte die Musik. Da die Patres eine große Begabung bei den Guaraní in der Musik feststellten, besaß schließlich jede Siedlung eine Musikkapelle,[22] einen „Chor und ein großes Orchester[, welches sich aus] alle[n] im Barock üblichen Instrumente[n] zusammensetzte].“[23] Es mag vielleicht verwunderlich klingen, aber die Indianer sangen und spielten schließlich die europäische barocke Musik, die die Patres in die Reduktionen mitbrachten; als bedeutendster Komponist ıst hier der von Italien nach Paraguay ausgewanderte Musiker Domenico Zipoli zu nennen.[24] Man errichtete eigene Musikschulen, in denen spezielle Lehrer unterrichteten, aber auch die Patres selbst betätigten sich als Musik- und Instrumentenlehrer und Komponisten.[25] Eingesetzt wurde die Musik schließlich zu mehreren Zwecken: Sie prägte das gesamte tägliche Leben in den Reduktionen und so gab es Musik bei Tagesanbruch, auf dem Weg zur Arbeit und sogar während der Arbeit.[26] Neben den täglichen Kirchenmessen, Vespern und Andachten, in denen die Musik unverzichtbar war, wurden auch zu diversen weltlichen und religiösen Festen feierliche Hochämter gesungen und Prozessionen begleitet.[27] Wie man erkennen kann, war die Musik allgegenwärtig. Man sagt sogar, dass sie „das Wundermittel [war], das die Indianer anzog, so dass sie freiwillig in die neuen Siedlungen kamen.“[28] Man mag vielleicht denken, dass die Musik hier nur das Mittel zur Manipulation der indigenen Bevölkerung war, eben zu dem Zweck den Guaraní die christliche Religion schmackhafter zu machen. Allerdings

---

[21] Krauss, Heinrich / Täubl, Anton, Mission und Entwicklung - Der Jesuitenstaat in Paraguay. Fünfteiliger Kurs im Medienverbund. Für Erwachsenenbildung, Schule und Jugendarbeit, München 1979, 84.
[22] Vgl. Hartmann, Jesuitenstaat 53.
[23] Krauss, Mission 63.
[24] http://www.jesuiten.org/profil/begriffslexikon/files/flyer_reduktionen.pdf
[25] Vgl. Hartmann, Jesuitenstaat 45.
[26] Vgl. Krauss, Mission 64.
[27] Vgl. ebd.
[28] http://www.jesuiten.org/profil/begriffslexikon/files/flyer_reduktionen.pdf

entsprach das Musizieren auch der Natur der Indianer, da sie schon in ihrer ursprünglichen Tradition Musik und Tanz pflegten; dennoch wird die Musik wohl zur leichteren Vermittlung der neuen religiösen Werte und auch der den Guaraní neuen Verhaltensweisen gedient haben.[29] Wie man sieht, steht nicht nur die Musik im Vordergrund, sondern vor allem die Religion; sie steht hinter allem täglichen Handeln in den Reduktionen.

Um zu zeigen wie künstlerisch man in den Reduktionen tätig war, möchte ich hier neben der Musik noch erwähnen, dass die Kirchen der Reduktionen mit großen prächtigen barocken Heiligenfiguren und vielen Bildern ausgestattet waren, also auch die handwerklichen Künste gefördert wurden.[30]

3.5 Der Niedergang des „Jesuitenstaates"

Obwohl, wie in Teil eins dieser Seminararbeit schon erwähnt, die Reduktionen für die indigene Bevölkerung viele positive Auswirkungen hatte, konnten sie sich dennoch nicht dauerhaft halten. Seit der Gründung der Reduktionen gab es entschiedene Gegner der Jesuiten:

Zunächst waren die Grundbesitzer gegen die Reduktionen, da sie keinen Zutritt zu ebendiesen hatten und die Guaraní so nicht als billige Arbeitskräfte auf ihren eigenen Plantagen einsetzen konnten.[31] Weitere Gegner waren auch die Händler und Kaufleute, die die Reduktionen als Konkurrenz ansahen,[32] was allerdings unbegründet war, denn die Jesuiten hatten als einziges Ziel die Christianisierung der Indios, wobei wirtschaftliche Aktivitäten nur ein Mittel hierzu waren.[33] Genauso verhielt es sich mit dem Vorwurf, die Jesuiten würden einen eigenen unabhängigen Staat im Staat errichten wollen: Aber auch hier war „die zivilisatorische Arbeit (…) nur ein Mittel",[34] das zum Zweck der Bekehrung dienen sollte. Die Kolonialmächte jedoch meinten, durch die Reduktionen verlören sie an Einfluss auf die Bevölkerung.

Weitere Unruhe wurde durch die umgehenden, aber unbegründeten Gerüchte geschürt, denn es hieß, die Jesuiten würden die Indios selbst durch Zwangsarbeit ausbeuten[35] und des Weiteren die Existenz von Goldbergwerken vor der spanischen Krone verheimlichen.[36]

---

[29] Vgl. Krauss, Mission 64.
[30] Vgl. Hartmann, Jesuitenstaat 50.
[31] http://www.jesuiten.org/profil/begriffslexikon/files/flyer_reduktionen.pdf
[32] Vgl. Krauss, Mission 100.
[33] Vgl. ebd. 65.
[34] Krauss, Mission 82.
[35] Vgl. ebd. 83.
[36] Vgl. Hartmann, Jesuitenstaat 54.

Obwohl diese Gerüchte widerlegt werden konnten,[37] blieben Feindseligkeiten und Zweifel in den Hinterköpfen dennoch bestehen, was im weiteren Verlauf auch eine Rolle spielte bezüglich des Niedergangs der Reduktionen.

Schließlich kommt es 1751 zum Guaraní-Krieg wegen eines neuen Grenzvertrages zwischen Spanien und Portugal. Dieser sprach den Portugiesen ein Gebiet zu, in dem sich sieben Jesuitenreduktionen befanden und die Durchsetzung dieses Vertrages hätte eine Zwangsumsiedelung von 30000 Indios zur Folge gehabt.[38] Zwar setzten sich die Jesuitenpatres für die Guaraní ein und versuchten eine Revision des Vertrages zu bewirken, um ihnen die neu gewonnene Heimat zu bewahren, erreichten diese aber nicht.[39] Also wehrten sich die Indios und verteidigten ihre Heimat in einem Krieg, der beiden Seiten große Verluste einbrachte und sich bis 1756 hinzog, als er schließlich in einem Sieg der Portugiesen ein Ende fand – die Guaraní waren zu einer Umsiedelung gezwungen.[40]

Die Haltung des Jesuitenpatres in dem Krieg ist unklar: Als treue und loyale Untertanen der spanischen Krone hatten sie sich an deren Vorgaben zu halten, auf der anderen Seite aber hätte eine völlig passive Haltung in dieser Auseinandersetzung sicher zu einem großen Vertrauensbruch mit den Guaraní und damit womöglich zu einem Scheitern des Heiligen Experiments geführt. Es wird vermutet, dass sich „ein paar Jesuiten auch an den aktiven Militäraktionen beteiligt[en]".[41] Auch der Guaraní-Krieg führte zu einer zunehmend ablehnenden Haltung gegenüber den Jesuiten von Seiten „der antikatholischen und antijesuitischen Aufklärungsphilosophen, der Freimaurer und der von diesem Geist bestimmten Staatsmänner, [als auch] engstirnige[r] katholische[r] Kräfte".[42] Besonders der portugiesische Minister Pombal, der schon für die Durchsetzung des Grenzvertrages verantwortlich war, versuchte den Jesuiten weiter zu schaden, indem er Druckschriften verfasste und in Europa verbreitete, die beispielsweise über Nicholas I., den jesuitischen König Paraguays, berichteten, wobei dieser gar nicht existierte. Auch die alten Vorwürfe und Gerüchte brachte er wieder in Umlauf.[43]

---

[37] Ebd.: „König Philipp V., der nochmals gründlich allen Vorwürfen gegen die Jesuiten nachgehen ließ und weltliche Kommissäre und geistliche Visitatoren nach Paraguay schickte, die eingehend alles untersuchten, kam in seinem Endurteil zu dem Schluss, dass die Beschuldigungen unberechtigt waren und dass es sich bei den Reduktionen um mustergültige Gebiete handelte, deren Bewohner loyale, vorbildliche Untertanen der spanische Krone waren."

[38] Vgl. Hartmann, Jesuitenstaat 55.

[39] Vgl. ebd. An dieser Stelle möchte ich anmerken, dass der Grenzvertrag vor allem von dem portugiesischen Minister Pombal und dem englischen Gesandten in Lissabon Keene durchgesetzt wurde, welche beide erklärte Feinde der Jesuiten waren. Pombal spielte noch eine wesentliche Rolle im weiteren Verlauf bezüglich antijesuitischer Propaganda.

[40] Vgl. ebd. 56.

[41] Ebd. 57. „[Vorwürfe] wurden besonders gegen die deutschsprachigen Patres, u.a. gegen Mathias Strobel, Thadeus Henis und Franz Xaver Limp (…) erhoben."

[42] Hartmann, Jesuitenstaat 57.

[43] Vgl. ebd.

Gegen all diese Anschuldigungen und Gerüchte konnten die Jesuiten schließlich nicht mehr an; man begann ab 1759 den Orden aus Europa zu vertreiben, bis Karl III. am 2. April 1767 endlich „das Verbannungsdekret für alle Jesuiten aus den spanischen Kolonien"[44] erließ. So kam es, dass die Patres 1767 schlagartig verhaftet nach Europa deportiert wurden, vereinzelt kam es zu Widerständen durch die Guraní, so dass einige Reduktionen niedergebrannt wurden.[45] Als Ersatz, denn die spanische Krone wünschte ein Fortbestehen der Reduktionen, wurden Pfarrer und zivile Verwalter eingesetzt, die sich jedoch meist als unqualifiziert herausstellten, besonders im direkten Umgang mit den Indios.[46] Die Mehrzahl der indigenen Bevölkerung blieb in den Reduktionen, aus denen sich sowohl Städte entwickelten, als auch Ruinen; viele gingen aber auch sofort in Städte, um dort als Handwerker und Arbeiter zu leben.[47] Es kam also zu einem langsamen Niedergang der Jesuitenreduktionen ab der Vertreibung der Jesuiten, dadurch dass die Indios ohne weitere Unterstützung mit dem System europäischer Staaten überfordert waren.[48] Zum völligen Verfall führte letztendlich die Tatsache, dass der Jesuitenorden 1773 aufgehoben wurde. Als er Anfang des 19. Jahrhunderts wieder zugelassen wurde, war es schließlich nicht mehr möglich die Reduktionen zu retten – das ‚Heilige Experiment' war gescheitert.[49]

4. Ein Ausblick

4.1 Heutige Situation

Das heutige Paraguay ist ein stark agrarisch geprägtes Land – Landwirtschaft ist der wichtigste Wirtschaftzweig - der industrielle Sektor entwickelt sich nur langsam.[50] Daran kann man ableiten, dass es sich hier um ein Entwicklungsland handelt. Dem Auswärtigen Amt zufolge leben ungefähr 40% der Einwohner Paraguays „unter der internationalen Armutsgrenze, ein Viertel sogar in "absoluter Armut"".[51] Für mich stellt sich an dieser Stelle die Frage, ob ein Fortbestehen der Jesuitenreduktionen vielleicht eine andere Entwicklung hervorgerufen hätte. Wäre Paraguay ein fortschrittlicheres Land, wenn es weiter unter dem Einfluss der Jesuiten gestanden hätte? Ich bin überzeugt davon, dass es zu einer weiteren Entwicklung hätte kommen können, schließlich war man in den Reduktionen nicht nur

---

[44] Vgl. ebd. 58.
[45] Vgl. ebd. 59.
[46] Vgl. Krauss, Mission 100.
[47] Vgl. ebd.
[48] Vgl. ebd. 66.
[49] Vgl. ebd. 69.
[50] Vgl. http://www.auswaertiges-amt.de/diplo/de/Laenderinformationen/Paraguay/Wirtschaft.html
[51] Ebd.

landwirtschaftlich, wobei hier sicher die Erfahrungen der Patres aus Europa nützlich gewesen wäre, sondern auch handwerklich tätig. Heute bemühen sich sowohl kirchliche, als auch nichtstaatliche Organisationen um die „Bewahrung traditioneller Lebensformen der Indianer mit der notwendigen Anpassung an die Zivilisation".[52]

Die Jesuiten gehen heute wieder ihren ehemaligen Zielen nach:

- In sechs Pfarreien, auch an alten Reduktionsorten, verkünden sie wieder ihren Glauben,

- in Asunción, der Hauptstadt Paraguays, unterstützen sie Arme durch Sozialzentren und versuchen sie vor Ausbeutung und Unterdrückung zu schützen

- und auch auf kultureller Ebene sind sie tätig, indem sie die Bildung von Jugendlichen in Schulen fördern.[53]

Im Chaco, dem Urwald Paraguays, in dem noch 90000 Indianer auf traditionelle Weise leben, engagieren sich die Jesuiten erstmals wieder in direkter Mission.[54]

In kultureller Hinsicht ist man auch weiter tätig in Paraguay: Zwölf Reduktionen wurden durch die UNESCO restauriert und zum Weltkulturerbe ernannt, in Museen werden Statuen aus der Reduktionszeit ausgestellt; und auch die Musik, die damals eine große Rolle spielte, lebt weiter, denn der Dirigent Luís Szarán bearbeitete wieder aufgefundene Noten aus den Reduktionen neu, vor allem Werke Zipolis, publizierte sie[55] und führt nun „ (...) mit seinem Projekt "Sonidos de la Tierra" junge Menschen in ganz Paraguay mit guten Erfolgen an die klassische Musik heran (...)."[56]

Obwohl diese zaghaften Versuche der missionarischen Tätigkeit zumindest ein Anfang sind, sind sie dennoch nicht mit dem ‚Heiligen Experiment' von damals zu vergleichen: Im Internet werden Touristen angeworben mit einem Kurztrip in den Süden zu der „beeindruckende[n] Ruinenstadt (Jesuiten-Reduktionen) von *Trinidad*."[57] Und Auswanderer versucht man anzulocken mit den hervorragenden beruflichen Möglichkeiten aufgrund ihrer fachlich und qualitativ hochwertigen Ausbildungen in Europa, welche nicht zu vergleichen sind mit Ausbildungen in Paraguay.[58] Dies zeigt wieder die langsame und rückständige Entwicklung in diesem Land auf. Die missionarischen Erfolge der Jesuiten sind also nicht so fruchttragend ausgefallen, wie gewünscht und man muss heute wieder von vielen Seiten neu angreifen.

---

[52] http://www.auswaertiges-amt.de/diplo/de/Laenderinformationen/Paraguay/Innenpolitik.html
[53] Vgl. http://www.jesuiten.org/profil/begriffslexikon/files/flyer_reduktionen.pdf
[54] Vgl. ebd.
[55] Vgl. ebd.
[56] http://www.auswaertiges-amt.de/diplo/de/Laenderinformationen/Paraguay/Kultur-UndBildungspolitik.html
[57] http://paraguay-online.net/paraguay-a-bis-z.html
[58] Vgl. ebd.

4.2 Mediale Umsetzung – „The Mission"

Das Thema Jesuitenreduktionen wurde mehrfach medial umgesetzt:
Literarisch bearbeitete Philip Caraman mit seinem Werk „Das verlorene Paradies" diese
Thematik[59] ebenso wie Fritz Hochwälder mit dem Drama „Das Heilige Experiment" und auch
Alfred Döblin in seiner Trilogie „Amazonas".[60]
Visuell wurde die Thematik durch dem Film „The Mission" des Regisseurs Roland Joffé von
1986 umgesetzt, welche an das Drama Hochwälders angelehnt ist. Ich möchte an dieser Stelle
kurz den Inhalt des Filmes umreißen und meine Eindrücke schildern:
Der Jesuitenpater Gabriel, gespielt von Jeremy Irons, wird nach Südamerika zu den Guaraní
gesandt, welche er durch sein Musikspiel in sein Vertrauen ziehen kann. Er gründet eine
Mission bei ihnen im Urwald und versucht die Indios an den christlichen Glauben
heranzuführen. Im weiteren Verlauf wird die Geschichte des Sklavenjägers Rodrigo
Mendoza, dargestellt durch Robert De Niro, erzählt und wie er sich schließlich mit Hilfe Pater
Gabriels von seinem ehemaligen Leben distanziert und sich dessen Mission anschließt, selbst
Jesuit wird. Gemeinsam versuchen sie gegen den Druck der Kolonialherren und der
europäischen Kirche, welche von den Kolonialmächten beeinflusst wird, anzukämpfen. Da
die Reduktionen nicht unter den Einfluss der Portugiesen geraten wollen, wird schließlich ein
Gesandter der Kirche zur Mission geschickt zu einer Beurteilung vor Ort. Zwar ist dieser
beeindruckt von der Pracht und den Erfolgen in der Reduktion, entscheidet sich aber
letztendlich doch zugunsten der Kolonialmächte und fordert von den Jesuiten eine Fügung
unter deren Weisungen. Der Film endet in einem Gemetzel, denn die Kolonialherren, denen
die Mission im Weg ist, dringen mit ihren Truppen in die Mission ein und töten sowohl den
mit Gewalt für die Mission und deren Bewohner kämpfenden Mendoza, als auch den
gewaltlos handelnden Pater Gabriel und brennen die Reduktion nieder.
Der Film zeigt meiner Meinung nach zwar viele Übertreibungen und stellt einiges sehr
überspitzt dar, jedoch kommt beispielsweise der starke Eingriff in die Tradition der Guraní
gut hervor. Es wirkt sehr befremdlich, wenn die Indios mit ihren Lendenschürzen im Urwald
stehen und ein Ave Maria singen. Vielleicht verdeutlicht dies den enormen Gegensatz, mit
dem sie konfrontiert waren: Ihre eigene Tradition und die der Europäer. Man kann sich gut
vorstellen, dass die indigene Bevölkerung nach dem Abzug der Jesuiten aus den Reduktionen
völlig überfordert war mit der Weiterführung der Reduktionen und diese somit nur verfallen
konnten. Auch die Wichtigkeit der Musik wird hier stark betont - die Missionen hatten

---

[59] Vgl. http://www.jesuiten.org/profil/begriffslexikon/files/flyer_reduktionen.pdf
[60] Vgl. http://de.wikipedia.org/wiki/Jesuitenreduktionen

schließlich den Beinamen Musikstaat. Ebenfalls gelungen fand ich die Darstellung der Reduktion. Es handelte sich hierbei zwar um eine sehr kleine, von der man die große barocke Pracht anderer Reduktionen nicht ableiten kann, aber dennoch entspricht sie dem Bild, das einem durch Literatur vermittelt wird. Der Schluss des Films jedoch kam mir zu überspitzt vor, da durch ihn der Eindruck vermittelt wird, jede Reduktion wäre zerstört worden und alle Bewohner getötet, was nicht der Realität entspricht.

5. Abschließende Gedanken

Abschließend möchte ich die Person Fernando Lugos erwähnen. Lugo ist zwar kein Jesuit, aber dennoch ein Kirchenmann: Er ist Bischof, jedoch ohne die Rechte und Pflichten eines Bischofs. Das liegt daran, dass er im Dezember 2006 seinen Rücktritt selbst forderte, um an den Präsidentschaftswahlen Paraguays im April 2008 teilnehmen zu können.[61] Er möchte gegen Korruption und Armut in Paraguay kämpfen, für soziale Gerechtigkeit und eine unabhängige Justiz. Durch seinen Wahlsieg ist es ihm möglich sein Amt im August 2008 anzutreten und löst somit das jahrzehntelange Machtmonopol der Colorado-Partei ab.[62] Der ehemalige Bischof der Armen ist ebenso wie Ignatius von Loyola ein Mann großer Frömmigkeit, der aber auch politische Konflikte nicht scheut und durch sein großes Organisationstalent hervortritt – beide sind sie Männer der Gegensätze und beide setzen sie sich uneigennützig für das Wohl ihrer Mitmenschen ein. Vielleicht gelingt es Fernando Lugo in seiner Position als Präsident Paraguays das Land auf einen positiven Kurs zu bringen und die Ziele der Jesuiten zu verwirklichen, so dass das ‚Heilige Experiment' doch in gewisser Art und Weise effektiv fortgeführt wird und gelingt.

---

[61] Vgl. http://de.wikipedia.org/wiki/Fernando_Lugo
[62] Vgl. http://www.spiegel.de/politik/ausland/0,1518,548570,00.html

Literaturverzeichnis

Hartmann, Peter Claus, Der Jesuitenstaat in Südamerika 1609-1768. Eine christliche Alternative zu Kolonialismus und Marxismus, Weissenhorn 1994.

Krauss, Heinrich / Täubl, Anton, Mission und Entwicklung - Der Jesuitenstaat in Paraguay. Fünfteiliger Kurs im Medienverbund. Für Erwachsenenbildung, Schule und Jugendarbeit, München 1979.

Otruba, Gustav (Hg.) / Sturath, Georg (Hg.), Las Casas "Kurzgefasster Bericht" (1541/42) und der "Neue Welt-Bott" (1728/58). Quellen zur Frühgeschichte der Missionierung und Kolonisierung der Indianer, Linz 1993.

Internetquellen:

http://www.auswaertiges-amt.de/diplo/de/Laenderinformationen/01-Laender/Paraguay.html (zuletzt abgerufen am 17.07.08)

http://www.brockhaussuche.de/wissen/kazike (zuletzt abgerufen am 12.06.08)

http://www.jesuiten.org/profil/begriffslexikon/files/flyer_reduktionen.pdf (zuletzt abgerufen am 17.07.2008)

http://paraguay-online.net/paraguay-a-bis-z.html (zuletzt abgerufen am 17.07.08)

http://www.spiegel.de/politik/ausland/0,1518,548570,00.html (zuletzt abgerufen am 17.07.08)

http://de.wikipedia.org/wiki/Fernando_Lugo (zuletzt abgerufen am 17.07.08)

http://de.wikipedia.org/wiki/Jesuitenreduktionen (zuletzt abgerufen am 17.07.08)